Breve Diccionario de Psicología Cotidiana

Sendra • Goldman

PERFIL LIBROS

ISBN: 950-639-550-0
Hecho el depósito que marca
la ley 11.723
Primera edición:
Marzo de 2001
Impreso en el mes de
Marzo de 2001
G.S. Gráfica S.R.L.
San Luis 540 - Avellaneda
Provincia de Buenos Aires
Impreso en la Argentina -
Printed in Argentina

DEDICATORIAS

A Sigmund Freud, por ser el fundador del Psicoanálisis.
De haber sido vendedor de panchos no sé qué libro hubiéramos
escrito.
Goldman

Yo no hago dedicatorias
Sendra

Autocrítica
para la primera edición

Jamás antes, en la historia de la Psicología, se había intentado la elaboración de un diccionario que abarcara todas las ciencias, artes y escuelas relacionadas con el campo de la salud mental. El Breve Diccionario de Psicología Cotidiana es, justamente, fruto de este intento. Lamentablemente fallido.

Los textos de Eduardo Goldman (o sea yo) son francamente lamentables, por no decir subversivos. La concepción del mundo volcada en estas páginas desnuda el carácter de su autor, y lo hace de manera tan profunda que llegamos a descubrir sus calzoncillos amarillos con lunares verdes. En su humor se trasluce una clara inclinación sadomasoquista, la cual se manifiesta en la compulsión a morder ositos de peluche y a cantar La Traviata en colas bancarias de jubilados.

Aun más grave es el caso de Fernando Sendra, cuyos chistes gráficos revelan una personalidad maníaco-depresiva con una tendencia cada vez más acentuada a ingerir helados de frutilla por el ombligo. Jugador empernido, ha perdido en el póker hasta su apellido, razón por la cual en su DNI ahora figura solamente: Fernando.

En síntesis (y en honor a la verdad), se puede afirmar que este Diccionario es sumamente peligroso para menores de noventa años y sólo debería ser leído por perversos asumidos o por políticos con no menos de diez años de terapia. Así y todo recomiendo comprarlo, ya que ha demostrado ser verdaderamente útil como papamoscas.

Eduardo Goldman

ABSTINENCIA, SÍNTOMA DE:

Estado de irritabilidad y angustia con trastornos corporales que tiende a sobrevenir cuando un adicto se abstiene de su adicción (el fumador del cigarrillo, el alcohólico del alcohol, etc.). Al respecto, un interesante experimento ha sido llevado a cabo en el Hospital de Clínicas de la ciudad de Buenos Aires. Tres diputados fueron internados en una sala reservada para adictos, donde se les obligó a abstenerse de cobrar coimas y realizar cualquier tipo de negociado. En un primer período los sujetos experimentaron un fuerte y agresivo impulso de sobornar al psicólogo, a las enfermeras e incluso al gatito del director del nosocomio.

Durante las siguientes dos semanas no hicieron más que caminar de un lado a otro reclamando sus fueros parlamentarios, abriendo cuentas en Suiza y amenazando con votar una ley para privatizar los hospitales públicos. Pasada la tercer semana los síntomas empezaron a ceder. Esto se evidenció al reducirse notablemente el impulso de contratar a una secretaria "rubia y pechugona". A la cuarta semana dejaron de solicitar entradas gratis para cines y partidos de fútbol. Finalmente, fueron dados de alta. El seguimiento dio por resultado que para dos de ellos la cura fue total (uno se convirtió en artesano y el otro en obrero de la construcción) Por desgracia el tercero recayó en su mal, y hoy día es candidato a intendente en una ciudad del interior.

ABULIA:

Carencia de voluntad e incapacidad para tomar decisiones. Según algunos autores, los casos más graves pueden deberse a más de diez minutos de exposición a programas televisivos de entretenimiento.

ABURRIMIENTO:

Sensación de vacío y monotonía que puede sobrevenir esperando que algún hombre le ceda su asiento a una anciana en el colectivo.

ACTO FALLIDO:

ÉL: Querida...
ELLA: ¿Sí, Cornelio?
ÉL: Tengo la sensación de que me engañás con otro.
ELLA: Pero no... ¿cómo se te ocurre? Yo sólo tengo ojos para vos, Cornudio... digo... Cornelio...

ADAPTACIÓN:

Modificaciones que permiten acomodarse a las cambiantes condiciones exteriores. La adaptación permite, en la política, que un derechista sea oficialista con un gobierno de derecha, y siga siendo oficialista con un gobierno de izquierda. En los jardines de infantes la palabra adaptación significa permitir a los muy niños integrarse a la institución gradualmente y a su propio ritmo biológico, siempre y cuando esto no lleve más de una hora.

AGORAFOBIA:

Es el temor a los lugares abiertos. Trátase de una fobia muy común entre los habitantes de la grandes ciudades que de pronto se hallan frente a la inmensidad del campo.

Se sienten desprotegidos, vulnerables. Y sienten, además, el irrefrenable impulso de meterse en un ascensor o de viajar en subte en horas pico.

AGRESIÓN

AGRESIVIDAD:

Ella y él, completamente enyesados,
en la sala de un hospital.
ELLA: Querido... espero que puedas perdonarme.
ÉL: ¿Qué decís, querida? Si yo tuve la culpa...
ELLA: No... la culpa fue mía. Vos venías de la oficina... cansado. Yo debí comprender.
ÉL: Pero no, tesoro. A veces me olvido de que tus quehaceres en la casa son tan agotadores como mi trabajo.
ELLA: Así y todo no debí alzarte la voz.
ÉL: Fui yo quien empezó, ¿te acordás?, cuando dije que la comida estaba salada y que además tenía olor a inodoro de cantina.
ELLA: Debí comprender que no te gustaba, en vez de gritar que te fueras a comer a lo de tu estúpida madre.
ÉL: Y yo debí entender que hablabas por celos, y no arrojar el plato de fideos con pesto sobre el retrato de tu padre.
ELLA: ¿Y cómo podría yo justificar mi reacción? ¡Vaciar la olla de sopa caliente sobre tu colección de mariposas disecadas!
ÉL: Pero eso de ninguna manera justifica que yo soltase el jarrón de porcelana china justo sobre tu callito.
ELLA: Ni que yo partiera la videocasetera sobre tu cabeza...
ÉL: Ni que yo te corriera con el Peugeot por toda la casa...
ELLA: Ni que yo te arrojara una bomba molotov en el ombliguito...
ÉL: Ni que yo intentara ahorcarte con la manguera de los bomberos...
ELLA: Ni que yo te disparase con la pistola de ese policía...
ÉL: En fin... ya pasó. Pero ahora, quisiera confesarte una cosa.
ELLA: ¿Qué cosa, mi amor?
ÉL: Que tu comida no estaba salada, ni siquiera olía a inodoro.
ELLA: ¿Cómo que no...? ¿Y entonces...?

ÉL: Es que... yo estaba tan enojado con vos. La noche anterior te habías olvidado de darme mi besito de las buenas noches.
ELLA: ¿Y por qué no me lo dijiste de entrada?
ÉL: No quería empezar una discusión.

ALCOHOLISMO:

Se ha comprobado que el 90 por ciento de los tratamientos de alcoholismo fracasa en la etapa final, cuando médico y paciente festejan la cura con un brindis.

AMENAZA

AMNESIA

ALMA:

Concepto metafísico que, paradójicamente, denota lo que todo el mundo amenaza con romperle al prójimo.

ALTRUISMO:

Es el más alto ideal del hombre civilizado. Lamentablemente, dicho hombre se extinguió en el Pleistoceno.

ALUCINACIÓN:

Mecanismo por el cual un jubilado puede llegar a convencerse de que aumentaron sus haberes.

AMIMIA:

Incapacidad de expresión mediante gestos o mímica. Se la considera una afección imprescindible para todo actor o actriz joven que desee incursionar en la televisión.

AMNESIA:

La amnesia es, básicamente, un mecanismo de… de… ¿de qué hablábamos?

AMOR PLATÓNICO:

Único amor que tiene el éxito asegurado.

ANGUSTIA:

Un psicoanalista discierne muy fácilmente entre una angustia normal y otra neurótica. La normal siempre la tiene él.

ANÁLISIS

ANOREXIA NERVIOSA:

La anorexia nerviosa es una resistencia compulsiva a comer. No se conocen casos de anorexia tranquila.

ANSIEDAD:

De tenerte en mis brazos, musitando palabras de amor.

ANULACIÓN RETROACTIVA:

Mecanismo por el cual una persona deja sin efecto algo hecho o dicho anteriormente, como si esto jamás hubiese existido. Este mecanismo permite ser presidente y hacer todo lo contrario a lo que prometía siendo candidato, sin necesidad de enfrentarse a la consecuente contradicción. Si bien en la neurosis es éste un mecanismo inconsciente que aparece en personas conscientes, en política es un mecanismo consciente producido por personas inconscientes.

APRENDIZAJE:

Adquisición de conocimientos por medio de los cuales una persona puede darse cuenta de que siempre actúa como si no hubiese aprendido nada.

ARACNOFOBIA:

Dícese de un desmedido e irracional miedo a las arañas. Se trata de una fobia. Muchos autores, sin embargo, consideran que este miedo es absolutamente normal si le sobreviene a una persona que está siendo atacada por diez arañas pollito.

AUTISMO:

Predominio de las fantasías internas sobre el mundo exterior. Al individuo autista le resulta casi imposible conectarse con los otros y con la realidad que lo circunda. Este síntoma de la esquizofrenia ha sido considerado durante largo tiempo el perfil ideal para ocupar el sillón de Rivadavia.

BACILOFOBIA:

Miedo exagerado a los microbios. El caso más agudo que se conoce data de 1895, cuando una joven danesa apareció corriendo desnuda por las calles de Copenhague mientras gritaba aterrorizada que había hallado a un estreptococo fumando en su cama.

BALBUCEO:

Sonidos articulados sin sentido con que empiezan a expresarse los niños pequeños, y con los que se expresa normalmente cualquier comerciante frente a un inspector de la Dirección General Impositiva.

BESO:

ÉL: ¿Me das un besito?
ELLA: ¿Qué? ¿Aquí?
ÉL: ¿Y qué tiene? Si estamos en nuestro dormitorio.
ELLA: Pero yo no beso a cualquiera.
ÉL: ¿Cómo cualquiera? Si soy tu esposo.
ELLA: Quiero decir... que no me gusta besarte a la mañana. Por tu mal aliento.
ÉL: Si querés me hago buches.
ELLA: Además... las caries. Los besos pueden contagiar caries, ¿sabés? Lo leí en una revista.
ÉL: Bueno... si me esperás voy al dentista y vengo a besarte.
ELLA: Y también bañate. No me gusta besar a alguien que sudó toda la noche.

ÉL: Está bien. Me hago buches, voy al dentista y me baño.
ELLA: Y afeitate. No quiero que me raspes la cara.
ÉL: Sí, sí. No te preocupes. Hago todo eso y vengo a besarte. Eso sí, rapidito porque tengo que ir a trabajar.
ELLA: Ah, no. Rapidito no. Odio que me besen por cumplir.

BIBLIOMANÍA:

Pasión exagerada por los libros. Tal el caso de un dentista sueco que llegaba a leer hasta una novela completa por día. Gracias al tratamiento psicoanalítico logró menguar su compulsión, y es así que hoy día sólo lee refranes.

BIOLOGISMO:

Tendencia a buscar en todo lo existente una causa biológica, aún en áreas que nada tienen que ver con la biología. Está comprobado que aquellos que sustentan esta unilateral visión de la realidad sin duda tienen problemas hormonales, pie plano o una caries en su muela de juicio.

BISEXUAL:

Ambidextro erótico.

BROTE:

Es común que los esquizofrénicos tengan todo tipo de brotes, excepto los de soja.

BULIMIA:

Hambre insaciable. La Real Academia Española hizo un intento por imponer el término "bulímico" pa-

ra referirse a los jugadores de fútbol que se engolo-
sinan con el balón. Sin embargo, el público de los
estadios prefirió seguir llamándolos "morfones".

BRUTALIDAD

CARISMA:

Personalidad dotada de propiedades que la hacen extraordinaria. Es decir, el hijo de uno.

CASTRACIÓN (ANGUSTIA DE):

Según el psicoanálisis, la angustia de castración es característica de todo niño pequeño, y está relacionada con la actitud paterna (generalmente vivida como amenazadora) acerca de las actividades sexuales infantiles. Si una persona mayor reacciona con angustia de castración cada vez que ve a su padre, deberá concurrir a terapia. Si tal angustia aparece porque el padre lo persigue con una tijera de podar, deberá concurrir a la policía.

CATARSIS:

Según Freud, es la "purga" de la mente para librarla de lo que es causa de perturbación. Hoy día sabemos cuán importante es la descarga del dolor y el enojo para nuestra salud física y mental. Respecto al dolor, la doctora Nora Kleenex de la Universidad de Toronto ha señalado que una hora de llanto diaria combate la úlcera, la lepra y la seborrea. Más adelante afirmaría que dos horas de llanto diario es el remédio más eficaz para curar la obesidad. Su audaz teoría inclinó a miles de obesas canadienses a mirar telenovelas para llorar a moco tendido y así bajar de peso. El resultado fue nefasto para la ciudad de Toronto, que debió enfrentar la inundación más grave de su historia. Demandada judicialmente por la Asociación de Gordas Deshidratadas, la doctora Kleenex desesperó e intentó suicidarse comiéndose una fuente de polenta con pajaritos. Afortunadamente no lo logró, pero hizo un enchastre bárbaro.

CATATONIA:

Cerrado hasta nuevo aviso.

CENSURA

CELOS:

ÉL: ¿A dónde vas, traidora?

ELLA: ¿Qué?

ÉL: ¿Me abandonás? ¿Así? ¿Sin dejarme una carta siquiera?

ELLA: Pero si voy a la verdulería.

ÉL: ¡Vamos! ¡Sé honesta! ¡Te vas a vivir con tu amante!

ELLA: Voy a comprar bróccoli.

ÉL: Está bien... Está bien... Lo sé... él es mejor que yo.

ELLA: ¿El bróccoli?

ÉL: ¡Tu amante!

ELLA: Por favor, querido... no empieces de vuelta con eso. Te amo. Y no te dejaría por ningún hombre en el mundo.

ÉL: No me extraña. Habría que estar loco para llevarse a un bagayo como vos.

CENSURA:

La censura interviene en el límite entre el yo y el inconsciente. Es un regulador automático, una barrera selectiva que sólo deja entrar en la conciencia lo que es tolerable para el yo. En otras palabras, la censura es el patovica de la psiquis humana.

CICLOTIMIA:

–Ayer me tomé un descanso y fui al cine.

–*Qué bueno.*

–No tan bueno. La película era un plomo.

–*Qué malo.*

–No tan malo. En la oscuridad una mujer se sentó a mi lado.

–*Qué bueno.*

–No tan bueno. Soy tímido y nunca sé qué hacer en estos casos.

–*Qué malo.*

–No tan malo. Ella no era tímida y me tomó de la mano.
–*Qué bueno.*
–No tan bueno. Sentí culpa pensando en mi esposa.
–*Qué malo.*
–No tan malo. Borré la culpa y la besé justo cuando se encendía la luz.
–*Qué bueno.*
–No tan bueno. Descubrí que era mi esposa.

CONFUSIÓN

CINISMO:

ELLA: Ay, querida... ¿en serio te parece que no estoy tan vieja?
AMIGA: Para nada. Pero por las dudas hacé una consulta con un arqueólogo.

CLAUSTROFOBIA:

Miedo a encontrarse en espacios cerrados. Hay al respecto un famoso caso en la jurisprudencia del estado de Iowa, Estados Unidos. Un preso que cumplía diez años de condena en la prisión de Carlsbad inició acciones legales contra su detención argumentando que sufría de claustrofobia. Sorprendentemente, el juez aceptó dejarlo salir de la cárcel para que se mudara a un amplio departamento en el centro de la ciudad, a condición de que lo compartiera con un vendedor de seguros. A la semana el condenado pidió regresar a la cárcel. Se había curado de su claustrofobia.

CLEPTOMANÍA:

REO: Señor juez... no me condene. Yo robé porque soy cleptómano.
JUEZ: ¡Pero usted robó un banco! ¿Cómo se atreve a alegar que es cleptómano?
REO: Y bueno... cleptómano con ambiciones.

COHERENCIA:

En el mundo de la política la coherencia es lo que lo que los reyes magos son para los niños. Todos creen en ellos aunque no existan.

COMPLEJO:

-¿En serio te curaste de tu complejo de inferioridad?
-*Sí, pigmeo.*

COMPULSIÓN A LA REPETICIÓN:

Compulsión a la repetición Compulsión a la repetición Compulsión a la repetición Compulsión a la repetición Compulsión a la repetición Comp...

CONCLUSIÓN:

Un señor de origen judío se casa con una mujer católica. Llegada la Semana Santa y festejándose tanto las Pascuas cristianas como judías, este señor opta por complacer a su madre comiéndose cinco paquetes de matzé, y además complacer a su suegra devorándose cinco roscas de Pascua. La conclusión es que el ecumenismo engorda.

CONFLICTO:

El conflicto constituye la dinámica del Universo. Es el nervio motor que mueve al mundo y da de comer a los abogados.

CONFUSIÓN MENTAL:

Estado en que se sume cualquier empleado o funcionario de la Dirección General Impositiva cuando le pedimos que nos explique cómo llenar los formularios de pago.

COPROFAGIA:

NENE; Mamá... quiero caca...
MAMÁ (DISTRAÍDA): No queda más, nene. Ya te voy a comprar.

CONSUMISMO

COPROLALIA:

Placer por decir palabras obscenas. Cursos intensivos en el Congreso de la Nación. Vacantes limitadas.

CONTROL

COSIFICACIÓN

CULTURA

CHOCHERA

CHOLULISMO:

El escritor Fabio Guinzburg elabora un artículo con cierta urgencia en una mesa del viejo Café Tortoni. De pronto, se le acerca una adolescente esgrimiendo una pequeña grabadora.

ELLA: Perdone, ¿usted es Fabio Guinzburg, el escritor?
ÉL: Sí.
ELLA: ¡Ay! ¡No lo puedo creer! ¡Usted acá sentado! ¡Tomando un café! ¡Es un divino!
ÉL: Gracias. Pero ahora no tengo tiempo de...
ELLA: Soy estudiante de periodismo, ¿sabe? Y tenemos que hacer un reportaje a un escritor o algo así. Los diez mejores trabajos van a ser publicados en una revista femenina. ¿Le molesta que le haga unas preguntas?
ÉL: En otra oportunidad, ¿eh? Ahora tengo que terminar este artículo sobre...
ELLA (A MICRÓFONO): Hola, hola... probando...
ÉL: ¿Qué?
ELLA: ¡Su libro! Es muy bueno, señor Guinzburg, se lo juro. Lo leí como cinco veces. ¿Cómo era que se llamaba? No, no me diga nada, lo tengo en la punta de la lengua. ¡Ay, cállese le digo! ¡Pero si yo lo sé! Es un libro gordo de tapas amarillas. ¡Ya me acordé! *Sangre de lobo*. ¡Qué libro! ¡Qué novela! ¿O era *Hambre de lobo*?
ÉL: ¡Sangre! Pero le repito que...
ELLA: Hable al micrófono.
ÉL: ¿Eh?
ELLA: Y dígame, señor Guinzburg, ¿Me deja que lo llame Fabio? Mire, Fabio, nos piden una noticia exclusiva. ¡Sea bueno! ¡Dele! Adelánteme el título de su próxima obra.
ÉL: ¡Me está pisando el pie!
ELLA: "Me está pisando el pie". ¡Qué divertido! Un libro de humor, ¿no? Ay, Fabio, ¿cómo hace para que se le ocurran todas esas cosas que escribe?

ÉL: Trato de pensar, cuando las idiotas me dejan.
ELLA: ¡Ah! Meditación trascendental. Yo también practico, me hace bien para el dolor de espalda. ¿A usted también le duele la espalda?
ÉL: En este momento la cabeza. Y ahora...
ELLA: Ahora una pregunta sobre su vida privada. ¿Cuánto hace que se emborracha?
ÉL: ¿Está loca? ¡Yo no bebo!
ELLA: ¿Es escritor y no bebe? Vamos, Fabio, no puede engañarme. ¡Esto es periodismo verdad!
ÉL: Me siento mal.
ELLA: Una última pregunta. Nos piden que toquemos algún tema comprometido. ¿Es cierto que los escritores son homosexuales? No tiene que contestar si le da vergüenza.
ÉL: ¡Señorita! ¡Por favor!
ELLA: Comprendo.
ÉL: ¿Qué quiere decir con que comprende?
ELLA: Bueno, ya terminamos. A ver qué le parece este resumen. Fabio Guinzburg, escritor de humor, sufre fuertes dolores de espalda, es alcohólico perdido y tiene inclinaciones categóricamente homosexuales... Pero... Fabio... ¿qué le pasa? ¿Por qué está llorando? Vamos, hombre, la gente lo mira... Está bien, está bien, pero levántese del piso. Le prometo que no voy a publicar nada, vaya tranquilo. Espero que volvamos a vernos. Pero... ¡no se vaya gateando! (SUSPIRA) ¡Qué locos son los escritores!

DECADENCIA:

Declinación en el desarrollo cultural de un pueblo después de haber llegado a un nivel elevado. Existen, sin embargo, culturas tan excepcionales que entran en decadencia sin siquiera haberse elevado previamente.

DEFENSA:

–Pero escuchemé... a mí el psicólogo me dijo que no es bueno defenderme tanto... que debo abrirme a la experiencia... dejar que las cosas pasen...
–*Me parece muy bien, Rodríguez. ¡Pero te hacen otro gol y yo te rajo del equipo!*

DEFECTO:

Según el diccionario la palabra "defecto" significa imperfección. Y si partimos de la premisa de que "nadie es perfecto", debemos aceptar que todos los humanos somos defectuosos. De esa manera, cuando nos burlamos de alguien por considerarlo anormal, no hacemos más que denotar que es más humano que nosotros mismos, o que no tiene falla alguna, y por tanto es perfecto.

DELIRIO DE PERSECUCIÓN:

–Disculpe, señor. Tuve la fantasía de que usted corría detrás mío. Pero gracias a la terapia ahora entiendo que todo es producto de mi delirio de persecución.
–*¡No se haga el idiota y devuélvame la billetera!*

DEMONOMANÍA:

Creencia delirante que puede tener una persona de estar posesa por demonios. Por otra parte, existen casos inversos como el hallado en la ciudad de Buenos Aires, donde un demonio aseguraba estar poseído por conductores de colectivos.

DEPENDENCIA:

–¿Es cierto que usted es terriblemente dependiente?
–*Sí, amo.*

DEPRESIÓN:

Es el motivo principal por el cual la gente acude al psicoanálisis. Según la revista *Psychologist Pet*, este hecho por sí solo confiere a la relación psicoterapéutica cierta modalidad maníaco-depresiva, ya que a mayor cantidad de pacientes deprimidos, mayor cantidad de psicoanalistas eufóricos.

DISTANCIA:

–Ay, querido... ¿me parece o vos estás cada vez más distante?
–*No lo sé. Hablalo con mi secretaria.*

DOBLE PERSONALIDAD:

–Bueno, amigo... después de estos cinco años de terapia intensa... puedo decir que he curado su problema de doble personalidad.
–*Gracias, doctor. Se lo agradecemos mucho.*

DESENCUENTRO

DOLOR:

Finalmente, la ciencia ha logrado un procedimiento eficaz para eliminar el dolor emocional de la existencia humana. Se trata de una simple intervención quirúrgica que consiste en la extirpación del cerebro. Esta operación se ha venido realizando de manera experimental en nuestro país, y los resultados han sido más que satisfactorios. Prueba de ello es que este año se han multiplicado los desfiles de modelos por televisión.

DESVALORIZACIÓN

DIAGNOSIS

DOMESTICACIÓN:

Proceso de amansamiento que puede ser logrado mediante el uso de varillas de goma, látigo, caricias, terrones de azúcar, televisión, tarjetas de crédito o Internet.

ECMOFOBIA:

Dícese del miedo morboso a herir o matar con instrumentos puntiagudos o cortantes. Es muy renombrado el caso descrito por el doctor Francis Lowell en Londres, en el siglo XIX. El doctor Lowell trató de una severa ecmofobia a un joven londinense, siendo la cura tan rápida y completa que al poco tiempo dicho joven fue conocido como Jack el Destripador.

ECOLOGÍA:

En una reunión multipartidaria llevada a cabo en la Cámara de Diputados, a las 15 horas de hoy, los representantes de todos los partidos políticos anunciaron solemnemente que ya era hora de tomar en serio el tema de la ecología. Se tratarían los problemas de la nafta con plomo, la contaminación de los ríos por parte de fábricas y laboratorios, los conservantes nocivos en varios alimentos, la producción de gases que afectan la capa de ozono, etc. A las 15.30 horas un grupo de empresarios telefoneó al presidente de la Nación. A las 15.45 horas el presidente de la Nación telefoneó a la Cámara de Diputados. A las 16 horas los representantes de todos los partidos políticos anunciaron solemnemente que ya era hora de tomar en serio el tema de las palomas en Plaza de Mayo.

EDAD DEL PAVO:

Está comprobado que en el ser humano la edad del pavo es un breve período de tiempo que coincide más o menos con la pubertad, mientras que en el pavo real dicha edad perdura toda la vida.

EDIPO (COMPLEJO DE):

Es un período en el desarrollo psicosexual de todo niño en el que se presenta un deseo sexual hacia el padre del sexo opuesto al suyo y un deseo de suprimir al padre de su mismo sexo. Freud basó su teoría del Complejo de Edipo en la tragedia *Edipo rey*, de Sófocles. Según varios psicoanalistas, de haberse basado en la película *Una noche en Casablanca* de los hermanos Marx, el desarrollo psicosexual infantil sería mucho más divertido.

EDUCACIÓN SEXUAL:

NENE: Papá, ¿Qué es Educación Sexual?
PADRE: ¡Qué! ¡Sexual! Pero... ¿de dónde sacaste eso?
N: Me lo dijo mi maestra.
P: ¡Tu maestra! ¿Eso te dijo?
N: Sí. Que mañana tenemos clase de Educación Sexual.
P: ¿Sexual? ¡Pero esto es una barbaridad! ¡Una escuela de degenerados!
N: Va a venir un médico y una psic... psic...
P: ¡Una psicóloga!
N: Eso. ¿Cómo sabés?
P: ¡Porque son las más degeneradas!
N: Necesitamos saber sobre la vida. Lo dijo mi maestra.
P: ¡Esa es la reina de las degeneradas!
N: Entonces... ¿es malo esto de la Educación Se...?
P: ¡Callate, mocoso! ¡No repitas esa palabra!
N: ¿Qué palabra?
P: ¡Sexual! Es malo. Muy malo.
N: Pero mi maestra dijo que necesitamos Educación... de eso.
P: Pero esa educación se brinda en el hogar, en tu hogar. Un hogar decente y bien constituido.
N: Bueno, papá. ¿Y cuándo me vas a enseñar?
P: Ya habrá tiempo, nene. Andá, andá a jugar por ahí.
EL NENE SE VA Y APARECE LA MADRE.

MADRE (AL PADRE): Estuve escuchando. Decime, ¿qué es eso de la Educación Sexual?
PADRE: ¿No sabés? ¡Mirá que sos bruta! Educación Sexual es... es... bueno... supongo que es decir "gracias" después de cada orgasmo.

EGOÍSMO:

Un poco de egoísmo que estimule la autoafirmación es normal en toda persona. Un extremo egoísmo que estimule el matarse unos a otros es normal en Wall Street.

EDUCACIÓN

EMPATÍA:

Capacidad de situarse en el lugar del otro para entender sus sentimientos. Esta posibilidad de comprender la vida anímica ajena, hace que a los talleres para el desarrollo de la empatía se anoten algunos psicólogos y varias chusmas de barrio.

ENANO FASCISTA:

Ser mítico interno en quien personalizamos nuestras negadas tendencias autoritarias. Curiosamente, en la Italia de Mussolini los fascistas se avergonzaban de su enano socialdemócrata.

ESTADO DE DERECHO:

Sociedad altamente civilizada en donde los pobres respetan los derechos de los ricos y los ricos respetarían los derechos de los pobres, si los tuvieran.

ETNOCENTRISMO:

Sobrevaloración neurótica del pueblo al que uno pertenece por sobre todos los demás. En su grado más radical, la persona odia y desea que los demás pueblos desaparezcan para luego poder dedicarse con tranquilidad a odiar a su propio pueblo.

EXHIBICIONISMO:

Obtención de excitación sexual mediante la exhibición del cuerpo desnudo, en especial de los genitales. Tristemente célebre se hizo el caso de Philip Rigau, un joven parisino de principios de siglo que padecía en grado extremo dicha perversión. La última vez que se lo vio estaba dominado por el acuciante impulso de mostrar sus genitales al mundo, lo cual concretó, desgraciadamente, saliendo de una trinchera en Verdún justo cuando atacaban los alemanes.

ESPACIO VERDE

ÉXITO:

En su acepción más bastarda, el éxito es la decisión de unos pocos para que muchos piensen que uno es exitoso.

EXOGAMIA:

Matrimonio entre personas que pertenecen a distintas familias. Se opone a la endogamia (matrimonio entre personas de la misma familia) que fue practicada por pueblos antiguos como el egipcio, con grandes desventajas. Era tal la confusión que se producía en las relaciones endogámicas que se dio el caso de un faraón egipcio que luego de tres casamientos terminó siendo su propio tío favorito.

EXPERIENCIA

FANTASÍA:

Materia prima con la cual trabaja un publicitario, y por la cual puede vender un auto exhibiendo piernas femeninas sobre el capot, vender un whisky enseñando que la valoración viene en botella y con mucho *blend*, o vender un cáncer mostrando que los jóvenes rubios siempre fuman.

FELICIDAD (MADE IN OCCIDENTE):

Euforia amorosa que aspira a eternizarse cuando en una comedia de Hollywood faltan cinco segundos para el "The End".

FETICHISMO:

Anoche la policía irrumpió en una orgía de fetichistas. La lencería fue clausurada.

FORMACIÓN REACTIVA:

Mecanismo por el cual se desarrolla una conducta opuesta a un impulso instintivo. Así, por ejemplo, un odio inicial hacia determinada persona o personas puede ser reemplazado por un amor exagerado hacia las mismas. Gracias a este mecanismo, ha ocurrido que algunas azafatas argentinas han logrado sonreír a los pasajeros durante un vuelo.

FOSILIZACIÓN:

Petrificación de organismos que fueron vivientes. En Buenos Aires, arqueólogos especializados han descubierto varios casos de fosilización en empleados públicos, los cuales permanecieron durante décadas en sus escritorios sin que nadie hubiese advertido su fallecimiento.

FRACASO:

–Tengo un tío que es un verdadero fracaso. Un día salió a robar un banco a mano armada pero nadie le dio bolilla.
–*¿Cómo que nadie le dio bolilla?*
–Es que la mano armada era ortopédica, y se la olvidó en casa.

FRACASO II:

Un hombre se acerca desesperado a su rabino.
–Rabino, rabino... no aguanto más. Mi hermano me supera en todo. Tiene más trabajo que yo, un mejor coche, una mejor casa, sus hijos van a mejores escuelas que los míos... Y para colmo siempre me gana a las cartas, al tenis y al ajedrez. Es terrible. Si no lo supero en algo voy a morir.
–Tranquilo –dijo el rabino–. Ya lo estás superando en algo.
–¿En qué? –preguntó el hombre esperanzado.
–Eres mejor fracasado que él.

Fracaso

GATAFLORISMO:

ELLA: Chuick...
ÉL: Chuiiiick...
ELLA: Escuchame...
ÉL: Qué...
ELLA: Antes de que... lo hagamos...
ÉL: Sí...
ELLA: Quiero que sepas algo.
ÉL: ¿Qué cosa, mi amor?
ELLA: Que no soy.
ÉL: ¿Que no sos qué?
ELLA: No soy tu amor.
ÉL: No entiendo.
ELLA: Que soy muy rara, ¿sabés? Y no quiero lastimarte.
ÉL: ¿Lastimarme?
ELLA: Sí. Yo... bueno... quiero decirte que lo de esta noche... es esta noche y punto. No esperes más de mí.
ÉL: No hay problema.
ELLA: Quiero decir... que no quiero que te enamores de mí, porque sufrirías. Yo no sé muy bien lo que quiero.
ÉL: Está bien, querida. Ya entiendo. Será sólo sexo.
ELLA: ¿Qué dijiste?
ÉL: Que no te preocupes. Sólo será sexo. Sin compromisos. Un buen momento para los dos.
ELLA: ¿Así que eso es lo único que soy en tu vida? ¿Un simple objeto sexual? ¡Degenerado!
ÉL: Pero... si recién dijiste que no querías compromisos ni...
ELLA: ¡Cerdo! ¡Me tratás como a una ramera barata!

ÉL: ¡Juro que no! ¡Yo sólo...!
ELLA: ¡Te aprovechás de mi ingenuidad para traerme a la cama! ¡Maldito! ¡Todos los hombres son iguales!
ÉL: ¿Pero en qué quedamos? Me pediste que no esperase nada... que no me enamorase... que no sufriera...
ELLA: ¡Es cierto! ¡Pero sólo un depravado como vos se atreve a hacerme caso!

GENERACIÓN:

Individuos de un mismo período de edad que tienden a compartir los mismos códigos, los mismos ídolos, los mismos gustos y las mismas rebeldías. Si además comparten los mismos padres, es que son hermanos.

GENERALIZACIÓN:

NENE: Señorita, ¿qué es generalizar?
MAESTRA: ¡Por qué *todos* los chicos preguntan lo mismo!

GENIO:

Única palabra que logra poner de acuerdo a los padres cuando la maestra les habla de su niñito.

GENIO

GLOBALIZACIÓN:

Es lo que hubiera necesitado el Imperio Romano para durar mil años más.

GURÚ:

Maestro o guía espiritual. En la India es el jefe religioso de una comunidad o aldea. En la Argentina es el *personal trainer*.

GLOBALIZACIÓN

HÁBITO

HIPOCONDRÍA:

DOCTOR: Lo felicito, amigo. Se acaba de curar de su hipocondría.
PACIENTE: ¿Por qué dice que me curé de mi hipocondría, doctor?
DOCTOR: Porque esta vez la úlcera se la agarró en serio.

HIGIENE

HISTERIA:

Ella y él están mirando televisión. De pronto él se levanta.

ÉL: Bué... me voy.
ELLA: ¿Cómo que te vas?
ÉL: Y, sí... me voy a la cancha.
ELLA: ¿A la cancha? ¿Me vas a dejar sola todo el domingo?
ÉL: Es que juegan Independiente y River.
ELLA: ¿Independiente y River? ¿Me vas a decir que Independiente y River son más importantes que tu propia esposa?
ÉL: Yo no dije eso...
ELLA: ¿Acaso Independiente y River te lavan la ropa como yo, arreglan tu casa como yo, preparan tu comida favorita como yo?
ÉL (CON CULPA): No, no...
ELLA (MIMOSA): ¿Acaso Independiente y River... hacen el amor como yo?
ÉL: ¡Nunca! Tenés razón, querida. ¡Al diablo con la cancha! Mejor me quedo con vos. (MIMOSO) A ver, dame un besito.
ELLA: Ahora no, empieza la película.
ÉL: ¿Qué importa la película?
ELLA: Es que dan una de Brad Pitt.
ÉL: ¿Brad Pitt? ¿Me vas a decir que Brad Pitt es más importante que tu propio esposo?
ELLA (CON FASTIDIO): Shhhh... ¡ya empieza!
ÉL: Pero...
ELLA: ¡Ufa, querido! ¿Por qué no te vas a la cancha?

HOMOSEXUALIDAD:

Es llevar al extremo aquello de "ama a tus semejantes".

IDIOSINCRASIA

IMITACIÓN:

–¿Qué tiene de malo imitar? Los niños imitan para aprender el lenguaje de los adultos... los adolescentes imitan para construir su propia identidad...
–*¡Lo que quiera! ¡Pero su programa de televisión sigue siendo un plagio!*

INCOMPATIBILIDAD:

Ella y él en un bar de la avenida Corrientes.

ÉL: ¿Sabés adonde podríamos ir hoy?
ELLA: ¿Adonde? Dale, decime.
ÉL: A un hotel.
ELLA: Vos decís... ¿un albergue transitorio?
ÉL: Claro.
ELLA: Pero... ¿para qué? Si igual podemos estar como siempre, en tu departamento.
ÉL: Es que sería una cosa nueva para nosotros, diferente, especial.
ELLA: Ay... no sé. ¿Y si esperamos hasta el miércoles?
ÉL: ¿Hasta el miércoles? ¿Y por qué hasta el miércoles?
ELLA: Lo quiero hablar con mi analista.
ÉL: Entonces... ¿la idea no te gusta?
ELLA: ¡Me encanta! Pero lo quiero hablar antes, no sea cosa que meternos en un albergue me resulte conflictivo, ¿viste?
ÉL: No es conflictivo. Va a ser una experiencia profunda y enriquecedora.
ELLA: ¿Cómo sabés?
ÉL: Me lo dijo mi analista.
ELLA: ¿Tu analista sabe que hoy me invitabas a un hotel?
ÉL: Ella me lo sugirió. Yo en realidad prefería ir al cine.
ELLA: Bueno... pero si tu analista lo recomienda deberíamos ir, ¿no?
ÉL: Supongo que sí. Dice que en uno de esos luga-

res a lo mejor vos llegás al orgasmo.

ELLA: ¿Llegar al orgasmo? ¿Para qué? Mi analista dice que no es necesario.

ÉL: Qué raro. La mía dice que en la relación de pareja es fundamental.

ELLA: Ah... Decime, ¿de qué escuela es tu analista?

ÉL: Creo que Existencial Rogeriana, con leve toque gestáltico. ¿Y el tuyo?

ELLA: Psicoanálisis Lacaniano, leve toque sadista.

ÉL: ¿Diván?

ELLA: Riguroso. ¿Y vos?

ÉL: Cara a cara.

ELLA: Entonces... tu analista y el mío no son compatibles.

ÉL: Parece que no. Y es una pena, creo que vos me gustabas.

ELLA: Qué se le va a hacer, flaco. Lo nuestro es imposible.

INCOMUNICACIÓN:

ELLA: Querido, creo que nuestro amor ha ido desgastándose con el tiempo.

ÉL: No digas pavadas y dejame leer el diario tranquilo.

ELLA: En serio, querido. Noto como un distanciamiento entre nosotros.

ÉL: ¡Acabala con eso! Andá a cebar mate, mejor.

ELLA: No sé. Quizás sea la falta de comunicación. ¿No te parece?

ÉL: ...

ELLA: ¿No te parece?

ÉL: ¿Eh?

ELLA: Digo que si no te parece.

ÉL: Lo único que me parece es que te voy a dar un bollo.

ELLA: ¿Sabés cuánto hace que no hacemos el amor?

ÉL: ¡Es la última vez que te lo digo! ¡Me dejás leer el diario en paz o te fajo!

ELLA: Antes me decías cosas tan lindas.

ÉL: ¡Callate, imbécil! ¡Callate o te ahorco!

ELLA: Y me hacías mimitos.
ÉL: ¡No te aguanto más! ¡Yo te mato! ¡Yo te...!
¡Aaaghhh...! ¡El... corazón...! ¡Soc...corroooo...!
¡Llamá a un médico...!
ELLA: Y me llevabas a pasear por Palermo... ¿Te
acordás de los besos que me dabas en El Ciervo?
ÉL: Aaaghhh... un... médico... agggh... me... mue-
ro...
ELLA: Y cuando venías a casa con un ramo de
rosas. ¿Te acordás? ¿Te acordás de lo felices que
éramos?
ÉL: ...
ELLA: ¿Te acordás?
ÉL: ...
ELLA: No hay caso. Es la falta de comunicación,
nomás.

INTELIGENCIA:

La inteligencia no es una virtud ya que cualquiera puede ser inteligente, hasta un vicepresidente.
La verdadera virtud se encuentra en la sabiduría.
En otras palabras, lo importante no es tratar de
comprender el origen del universo, sino, como di-
ría Woody Allen, saber dónde está el baño más
próximo.

INFANTES

JITANJÁFORA:

Palabra o serie de palabras que no poseen significado alguno. Ejemplos: "toli manoli", "capra rapsón", "tirilí pequete", "se viene la revolución productiva", "se investigará hasta las últimas consecuencias", "vamos a bajar los impuestos", etc., etc., etc.

JODA:

DOCTOR: Diga treinta y tres.
PACIENTE: Treinta y tres.
DOCTOR: Vístase. Usted no tiene nada.
PACIENTE: ¿Cómo nada? Me duele la cabeza, el estómago y el pie.
DOCTOR: Caramba. Eso puede ser muy grave.
PACIENTE: ¿En qué quedamos, doctor? ¿No tengo nada o es muy grave?
DOCTOR: No lo sé. ¿Por qué mejor no consulta a un médico?
PACIENTE: ¿Y usted qué es?
DOCTOR: Sociólogo. Pasa que me consiguieron un puesto aquí en la Obra Social, y la única vacante que había era de médico clínico.
PACIENTE: Entonces... ¡usted no es médico!
DOCTOR: Ya le dije que no. Soy amigo del primo de un asesor del intendente. Estoy aquí hasta que aparezca una vacante más afín con lo mío. Disculpe la molestia que le causé, ya bastante debe sufrir con su enfermedad.
PACIENTE: Para nada. Yo me siento muy bien.
DOCTOR: ¿Cómo? ¿No era que tenía dolores en todo el cuerpo?

PACIENTE: No, yo tengo un cuñado en la Legislatura.
DOCTOR: ¿Y?
PACIENTE: Que me consiguió un puesto en esta Obra Social, pero la única vacante era de paciente.

JUVENTUD PERDIDA:

PADRE: ¿Qué dijiste, mocoso de porquería? ¡Que tu vida está dedicada al sexo! ¡Que tus manos fueron hechas para el sexo! ¡Que tu boca fue hecha para el sexo!!!
HIJO: Saxo, papá. Dije saxo.

JUICIO

LIBIDO:

La palabra libido fue empleada por Sigmund Freud como sinónimo de deseo sexual, y también como sinónimo de energía sexual. A su discípulo Alfred Adler no le preocupaba si era deseo o energía; lo que realmente lo ponía loco era la palabra "sexual".

Mucho se ha hablado de la ruptura entre Freud y Adler. Son conocidas las abismales diferencias teóricas que los separaron, en especial el concepto que cada uno de ellos tenía sobre "sexualidad". Sin embargo, nunca trascendieron los pormenores de esta escisión.

Hoy contamos con una carta inédita que Anna Freud (hija de Sigmund) escribiera a Gunnar Rittenberg Cucurucho (quien fuera en principio terapeuta de Anna, y poco más tarde, paciente de la misma). En esta carta Anna revela detalles del conflicto que habría de dividir definitivamente al psicoanálisis.

Todo comenzó a la mesa de un populoso café, en la ciudad de Viena.

FREUD: Adler, amigo mío, ¿leyó mi último artículo sobre la libido?
ADLER: Mire, doctor Freud, no se ofenda pero... Yo creo que usted pone un exagerado acento en el tema sexual.
FREUD: Hmmm. ¿No será que usted es un reprimidito, Adler?
ADLER: ¡Nein! Lo que yo postulo es que... lo realmente definitorio para explicar la conducta humana es el instinto de "poder".

FREUD: Eso... el instinto de "poder" levantarse una mina.
ADLER: ¡Nein! ¡Nein! ¡Nein!

En eso llegó el mozo.

MOZO: ¿Qué ze van a zervir lus pzicuanaliztas?
FREUD: A mí un sánguche de jamón y queso. Para mi amigo Adler de jamón nomás, el queso lo pone él.

Este desafortunado comentario de Freud ahondó aún más las diferencias epistemológicas entre los dos colosos del campo de la salud mental.

ADLER: ¡Basta! ¡Kaputt! ¡Doctor Freud, con todo respeto, ¡usted con eso del sexo ya me tiene podrido!

Apesadumbrado, Freud hizo un último intento por evitar la escisión del psicoanálisis.

FREUD: Querido Adler, lo noto alterado. ¿Cuánto hace que no copula?
ADLER: ¡Mein Gott! ¡Copular! ¡Es usted un obseso sexual, doctor Freud! ¿Por qué no se va a copular con su abuelita?
FREUD: Mi abuelita ya tiene novio. Además, eso es incesto.

Freud sabía que la palabra "incesto" provocaba punzadas en la hemorroides de Adler; sin embargo la dijo. Escribe Anna al respecto: "Alfred (Adler) se levantó violentamente con una mano en su nalga derecha, cosa extraña en él pues era zurdo. Profirió un insulto en latín y se fue para siempre. Este hecho fue terriblemente doloroso para papá (Freud), en especial porque Alfred se fue sin pagar la cuenta".
Después de este suceso las vidas de Freud y Adler sufrieron un vuelco decisivo. De Freud nos cuenta Anna que: "...papá ya nunca sería el mis-

mo. A partir de esa experiencia con Alfred, nunca más habría de discutir con alguien antes de que éste hubiese pagado la cuenta".

En cuanto a Alfred Adler, todos sabemos que intentó poner de moda su teoría del instinto de "poder", pero no "pudo". Víctima de una severa depresión, se unió a una compañía de comediantes con quienes realizó varias giras por Sudamérica. Logró un extraordinario éxito con su número, el cual consistía en hacer una perfecta imitación del estornudo de los campesinos checoslovacos.

LUZ INTERIOR

MACHISMO

MACHISMO:

TATA: Un padre que da consejo más que padre es un amigo.
HIJO: Quiero pedirle un consejo, tata.
TATA: Diga, m'hijo.
HIJO: ¿Cómo hago pa' llevarme a la Eulogia a la cama?
TATA: A los rebencazos, m'hijo. A lo macho, nomás.
HIJO: ¿Y si en la cama se retoba, tata?
TATA: La cachetea, m'hijo. Pa' eso usté es hombre.
HIJO: ¡Ta güeno, tata! ¿Y ahí nomás le hago el amor?
TATA: ¡Cómo! ¿La querías pa' hacer el amor?

MADUREZ:

Hay quien espera a tener hemorroides para sentar cabeza.

MANEJO:

ELLA: Jurame que me amás.
ÉL: ¿Qué?
ELLA: Jurame que me amás, jurámelo.
ÉL: Bué. Sí, te amo.
ELLA: ¡Jurámelo!
ÉL: Juro que te amo. ¿Ahora estás tranquila?
ELLA: No. Vos no sos sincero.
ÉL: ¿Cómo que no soy sincero? Vos sabés que te amo, te lo dije un millón de veces.
ELLA: Palabras. Tan sólo palabras.
ÉL: ¿Acaso no me casé con vos?
ELLA: No lo hiciste por amor, sino por mi dinero.
ÉL: ¡Pero si vos no tenés un mango! ¡El que siempre tuvo plata fui yo!
ELLA: Entonces te casaste por caridad.
ÉL: ¿Pero cómo decís eso? ¿Acaso no te doy todo mi cariño? Ayer mismo te traje un ramo de flores.
ELLA: Sí, para comprar mi amor.
ÉL: ¡No necesito comprar tu amor! ¡Yo sé que me

querés!
ELLA: ¿Por qué estás tan seguro? ¿Cómo sabés que no me casé con vos por tu dinero?
ÉL: ¿Casarte por mi dinero? Vamos, es una broma. ¡Ja! Es una broma... ¿no?
ELLA: Sin comentarios.
ÉL: Oíme... ¿de qué hablás? No lo estarás diciendo en serio... ¡Dejá de limarte las uñas y contestame!
ELLA: Sin comentarios.
ÉL: ¡Me estás volviendo loco! ¡Contestame, carajo!
ELLA: ¿Cuál era la pregunta?
ÉL: ¿Te casaste por mi dinero?
ELLA: Mmm... No, creo que no.
ÉL: ¿Entonces me amás?
ELLA: Puede ser.
ÉL: Jurame que me amás, jurámelo.
ELLA: Bué. Sí, te amo.
ÉL: ¡Jurámelo!
ELLA: Juro que te amo. ¿Ahora estás tranquilo?

MATRIZ

MANÍA:

Traducido a términos políticos, es como un país empobrecido en donde el gobierno utiliza los escasos recursos para hacer publicidad a favor del gobierno.

MASTURBACIÓN:

(Ver en Artes Manuales).

MELANCOLÍA:

–Mi perro está mal.

MEMORIA

–*¿Qué tiene?*
–Melancolía. Está triste, abatido, sin ganas de nada. Y parece atormentado por sus recuerdos de cachorrito.
–*Peor está mi suegra.*
–¿También melancólica?
–*No, tiene moquillo.*

METAMORFOSIS:

Él la intercepta en plena Santa Fe y Callao.

ÉL: ¡Hola, Valeria!
ELLA: ¿Qué?
ÉL: ¡Soy yo! ¡No me digas que no te acordás de mí!
ELLA: Disculpe... pero...
ÉL: ¡Soy Julián!
ELLA: Julián... Julián... Yo conocí a un Julián... Pero no puede ser usted.
ÉL: Soy yo, nomás.
ELLA: No, no. Imposible que sea usted. Ese Julián era rubio y pálido. Usted es un negro mota, ¿o no se dio cuenta?
ÉL: ¡Claro que sí! Y mis buenos dólares me costó.
ELLA: No entiendo.
ÉL: Acordate. Yo fui tu novio, hasta que volviste de ese viaje a Brasil fascinada por los negros candomberos.
ELLA: Sí... sí... creo recordar.
ÉL: Dijiste que ya no me querías y que sólo podrías casarte con un "negrazo" de ésos. "Cuanto más negro, mejor", dijiste.
ELLA: Es verdad. Pero eso fue hace como tres años.
ÉL: ¡Si los habré contado, mi amor! ¡Meses y meses en la camilla de esa casa de tatuajes!
ELLA: ¿De tatuajes? ¿Y para qué?
ÉL: ¿Cómo crees que me hice negro? ¡Puntito por puntito!
ELLA: ¡Qué horror!
ÉL: ¿Y mi pelo? ¡Viví dos años sin sacarme los ruleros para obtener este look Watusi! ¿Qué tal estoy?

ELLA: Lindo... lindo... pero...

ÉL: Me deshice los meniscos con práctica intensiva de samba, pero valió la pena. Mirá, mirá lo bien que bailo.

ELLA: ¡No...! ¡Pará...! ¡Se está agolpando la gente...!

ÉL: Sin embargo, lo peor fue la operación.

ELLA: ¿La operación? ¿Qué operación?

ÉL: El transplante. ¿O te olvidás que yo antes tenía los ojos azules?

ELLA: ¡Uy, Dios! ¡Ahora son pardos!

ÉL: Negros. Y pude venir hace un año, pero preferí terminar mi curso acelerado de portugués. ¿Voce entendeu?

ELLA: Sí, sí. Pero...

ÉL: ¡Ya podemos casarnos, mi amor! ¡Ahora soy el hombre de tu vida!

ELLA: Bueno... Julián... mirá... yo...

ÉL: ¿Vos qué, tesoro?

ELLA: El año pasado estuve en Dinamarca, ¿sabés?, y ya no podría casarme si no es con un marinero danés.

ÉL: ¿Qué...? ¿Marinero...?

ELLA: Danés.

ÉL: Oh, no.

ELLA: Lo siento, otra vez será.

ÉL: No importa, vida mía. Voy a pelear por tu amor, y sé que al final te conquistaré. Me internaré otra vez en la casa de tatuajes, aprenderé a nadar. ¡Nadie podrá detenerme! Esperame, querida. En dos o tres años volveré.

ELLA (OBSERVANDO CÓMO ÉL SE ALEJA A TODA CARRERA): La pucha, odio a estos negros engrupidos.

NARCICISMO:

ELLA: Ay, no sabés, hoy me encontré en la calle con mi amiga Genoveva. ¿Y a qué no sabés de qué hablamos?
ÉL: ¿De mí?
ELLA: No. De la fiesta de cumpleaños.
ÉL: Pero si falta para mi cumpleaños.
ELLA: Del cumpleaños de su hija, tonto. Parece mentira, ya va a cumplir 18. Hay que comprar un buen regalo.
ÉL: Sí, regalame una camisa azul que necesito.
ELLA: ¿Me estás cargando? Hablo del regalo para la chica.
ÉL: ¿Qué chica? Te juro que no salgo con ninguna chica.
ELLA: ¡De la hija de mi amiga! ¡La que me encontré en la calle! ¡Y con la que no hablé nada de vos!
ÉL: ¿No hablaron de mí? ¿Y para qué se encontraron entonces?
ELLA: Pero decime... ¿vos no podés pensar en nada que no seas vos mismo?
ÉL: ¿Cómo que no? Muchas veces pienso en nuestro libertador... don José de San Martín.
ELLA: ¿En San Martín? ¿Y qué pensás de San Martín?
ÉL: En lo mucho que me hubiera elogiado de haberme conocido.

NARCOLEPSIA:

Es común que los narcolépticos se queden profundamente dormidos en plena conversación e incluso a mitad de una frazzzzzzzzzzzzzzzz...

NATURISMO

NEGACIÓN:

–Te digo que el avión no se cayó. ¿No ves que estamos volando? ¡Basta de llamarme negadora, Ricardo!
–*Y usted basta de llamarme Ricardo. Mi nombre es San Pedro.*

NEUROSIS DE DESTINO

NULIDAD:

Era tan mal actor que cuando interpretó Hamlet,
de Shakespeare, la crítica elogió a la calavera.

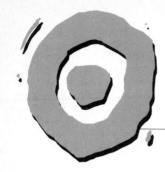

OBSESIVO:

ÉL: ¿Y?

ELLA: ¿Y... qué?

ÉL: ¿Te gustó?

ELLA: ¿Me gustó... qué?

ÉL: ¡Cómo qué! ¿Te gustó hacer el amor conmigo?

ELLA: ¿Ah, eso? Sí.

ÉL: ¿Sí?

ELLA: Sí.

ÉL: ¿Nada más que "sí"?

ELLA: Sí, me gustó.

ÉL: ¿Tan poco entusiasmo te desperté?

ELLA: ¿De qué hablás?

ÉL: ¡Te pregunté si te había gustado!

ELLA: Y bueno, te dije que sí.

ÉL: Parece que no mucho.

ELLA: ¡Pero sí, che! ¿Qué querés? ¿Una declaración jurada?

ÉL: ¿Llegaste al orgasmo por lo menos?

ELLA: Bueno... tanto como eso, no. Pero estuvo bien.

ÉL: ¡Cómo bien! ¡Ni siquiera llegaste al orgasmo!

ELLA: Hace años que no llego. Vos lo sabías.

ÉL: Y... sí. Pero... ¿seguro que no llegaste?

ELLA: Me hubiera dado cuenta.

ÉL: Pero... en un momento gritaste como loca.

ELLA: Es que me clavaste el codo.

ÉL: Ah. Y así y todo... ¿te gustó?

ELLA: ¿Que me clavaras el codo?

ÉL: ¡No! ¡Hacer el amor conmigo!

ELLA: Te dije que sí.

ÉL: Ah. Bueno... lo importante es que la hayas pasado bien.

ELLA: Claro.

ÉL: Hoy día los sexólogos dicen que el orgasmo no es fundamental.

ELLA: Seguro.

ÉL: Que lo fundamental es gozar libremente de la relación con la otra persona.

ELLA: Cierto.

ÉL: Sin prejuicios y sin autoexigencias.

ELLA: Totalmente de acuerdo. Veo que estás maduro en el tema.

ÉL: Gracias. Y ahora decime la verdad... ¿seguro que no llegaste ni un poquito?

OBSESIÓN

OBSTÁCULO

ONANISMO:

Del hebreo "Onán" o del latín "enanus malus terminus" (enano que termina mal). Dícese de la práctica parcial del coito, que sucede cuando –por alguna razón– el hombre eyacula fuera de la vagina de la mujer o, por error, dentro del ombligo de la misma. Onanismo no significa "masturbación", como muchos creen, pero se le parece notablemente.

ORGASMO:

Es un hecho indiscutido que, después de inventar la rueda, el mayor logro de la humanidad ha sido la creación del orgasmo. Más aún, según varios científicos daneses la rueda vendría en segundo término.

El orgasmo es una verdadera conquista genética de la especie humana; marca la división entre la Era Glacial o Frígida y la Era Social o del Pleistoceno Cornudo. Es gracias al orgasmo que el pacífico y despreocupado "Hombre de Neanderthal" pudo evolucionar hacia el furioso troglodita moderno que hoy maneja colectivos o conduce programas de televisión. Como bien lo ha definido el profesor Ladislav Pitinsky (Universidad de Puente Saavedra): "...del orgasmo se pueden decir dos cosas extraordinarias. En primer lugar, ha sido el catalizador vital que ha permitido a la especie humana adquirir los rasgos evolutivos que le conocemos; en segundo lugar, y esto es lo más importante, ¡me encanta!, sin el orgasmo yo sería diez kilos más gordo".

Curiosamente, y a pesar de que el orgasmo fue la primera gran creación artística de la humanidad, muchas mujeres aún no lo conocen. Tal fenómeno se presenta por lo general en ciudades cosmopolitas, en desiertos semiáridos y sobre todo en entidades feministas. Al respecto, el profesor Pitinsky nos aclara: "Por cierto, hablando de mujeres frígidas o anorgásmicas, éstas pueden hallarse en cualquier lugar del mundo y en cualquier clase social. Lo único que me preocupa de este asunto es: ¡por qué siempre me tocan a mí!".

Es obvio que el tema del orgasmo ha dado y dará aún mucho más para hablar, lo cual encierra la paradoja reflejada en un viejo y sabio proverbio árabe: "Cuanto más hables del orgasmo, es que menos lo practicas; a menos que tengas orgasmos cuando hables, claro".

ORALIDAD

PÁNICO:

Miedo intenso que aparece bruscamente y que por lo general coincide con la llegada de la cuenta telefónica.

PARADOJA:

Juro por Dios que soy ateo.

PERSECUTA:

Un hombre parado en una esquina, una chica que pasa, el piropo.

ÉL: Adiós, divina.
ELLA (LO MIRA): ¿Por qué adiós?
ÉL: ¿Eh?
ELLA: ¿Por qué no... hola? ¿O no sería lindo conocernos?
ÉL (DESCOLOCADO): S...í, claro.
ELLA: Podríamos tomar algo en una confitería... y después, si queremos, caminar por el Rosedal tomados de la mano.
ÉL: ¿De la mano? Sí, sí, sí.
ELLA: Y después, ¿quién sabe? Podríamos cenar en mi departamento.
ÉL: ¿Cenar? ¡Me encanta cenar! ¿Y en tu... departamento?
ELLA: Es chiquito pero muy romántico. ¿Qué te parece la idea?
ÉL: ¡Genial me parece! (SE CORTA) Un momento. No, no... esto no puede ser.

ELLA: ¿Qué no puede ser?
ÉL: Esto es muy raro.
ELLA: ¿Que me gustes te resulta raro?
ÉL: Las cosas no pasan así. Vos me estás ocultando algo.
ELLA: Sólo trato de ser sincera.
ÉL: ¿No serás travesti vos?
ELLA: ¿Travesti?
ÉL: O capaz que me llevás a un departamento para que me agarren tres monos y me roben.
ELLA: ¿Pero cómo se te ocurre que yo...?
ÉL: ¡Eso! ¡Me quieren robar! ¡Y capaz que hasta me rompen un brazo!
ELLA: Pará... tranquilo...
ÉL: ¡Minga tranquilo! ¡Dejame en paz, mafiosa!
ELLA: Pero... por favor... no te vayas así...
ÉL: ¡Me voy como quiero! ¡Y no me siga porque llamo a la policía, eh!
ELLA (DECEPCIONADA): Ay... Los hombres están cada día más histéricos.

PRACTICIDAD

PLACER:

Se ha comprobado que el placer provocado por el chocolate brinda mayor satisfacción que el mismísimo placer sexual. Según varios estudios, muchas personas que terminan de hacer el amor desean coronar el momento compartiendo una barra de chocolate con su pareja. En cambio, no es común que una persona vaya comiendo chocolate por la calle y desee coronar ese momento haciendo el amor con el primero que pase.

PRECOCIDAD

PROFILAXIS

PREGUNTAS (EDAD DE LAS):

Período en el desarrollo del niño (cuatro años) en que se destacan las preguntas acerca del por qué de las cosas. Desafortunadamente, ningún padre ha alcanzado la edad de las respuestas.

PRÓTESIS:

ELLA: Querido... antes de que nos casemos... debo confesarte algo.
ÉL: ¿Qué cosa?
ELLA: Bueno... yo... yo no soy la que parezco.
ÉL: No te entiendo, mi amor.
ELLA: Mi pelo.
ÉL: ¿Tu pelo? Es un hermoso pelo rubio. ¿Qué pasa con tu pelo?
ELLA: Que no es rubio.
ÉL: ¿No es rubio? A ver... ¡Sí es rubio!
ELLA: Teñido. Me conociste así, y nunca me animé a decírtelo.
ÉL: Bueno, mi amor. ¿Qué importa si no sos rubia? Yo te quiero igual. Aunque tu pelo sea rojo, castaño o...
ELLA: ¿Negro azabache?
ÉL: Es increíble, parece rubio. Pero insisto, no es tu pelo lo que me hizo enamorarme de vos, es tu encantadora sonrisa.
ELLA: Tampoco es mía. Mis dientes delanteros son postizos.
ÉL: Ah... ¿en serio? Te quedan muy bien. ¡Pero qué importa! Lo más lindo de tu cara son esos ojazos azules que...
ELLA: Lentes de contacto coloreados.
ÉL: Entiendo. En fin. En el fondo lo que me gusta de vos es esa cinturita de avispa que...
ELLA: Uso faja. Y me está matando.
ÉL: Bueno... ¡basta! ¡Basta ya de mostrar tus pequeños defectos! ¿Acaso mi amor vale tan poco que depende de tu pelo, dientes, ojos o... o...?
ELLA: Cintura.

ÉL: ¿O cintura? No, mi tesoro. Yo te amo por lo que sos.
ELLA: Oh, querido... sos tan comprensivo.
ÉL: Más aún, ahora que me decís todo esto... yo también debo confesarte algo. Este hermoso departamento... no es mío.
ELLA: ¿No es tuyo?
ÉL: Me lo prestó un amigo. Tampoco soy dueño de tres estancias, soy un simple mecánico.
ELLA: Entonces... ¿no tenés plata?
ÉL: No, querida. Yo también mentí por amor y... ¡Eh! ¿Adonde vas?
ELLA: ¡Te abandono! La única prótesis que no funciona es la del bolsillo.

PSICOPATÍA:

–Mi jefe es un psicópata. Hoy me insultó, me degradó, me ofendió, me humilló... realmente me hizo sentir como un trapo de piso.
–*¿Y vos qué hiciste?*
–Dejé el piso bien limpito.

PROGRESO

PUBLICIDAD

RAZÓN:

Quinta, diarioooo...

RELIGIÓN:

ÉL: Está decidido, Raquel. Nuestro hijo será educado en la más estricta tradición judía.

ELLA: Estoy de acuerdo, Jacobo. Estudiará en la mejor escuela judía y será formado como judío, sólo que...

ÉL: ¿Qué?

ELLA: Bueno... en algún momento encontrará chicos que creen en los Reyes Magos, y se sentirá defraudado. Los otros chicos serán felices con sus juguetes y él sólo verá sus zapatitos vacíos.

ÉL: Está bien. Será judío pero le permitiremos creer en los Reyes Magos.

ELLA: También está Papá Noel. Se viste muy gracioso y también regala juguetes a los niños.

ÉL: Está bien. Será judío pero creerá en los Reyes Magos y en Papá Noel.

ELLA: ¿Y qué hay del arbolito de Navidad? A los niños les encanta armarlo. Y es tan bonito.

ÉL: Está bien. Será judío pero creerá en los Reyes Magos, Papá Noel y tendrá su arbolito de Navidad.

ELLA: No olvidemos el huevo de Pascua. A nuestro hijo le encanta el chocolate.

ÉL: Está bien, está bien. Será católico, pero festejará el Rosheshaná.

REESTRUCTURACIÓN

RUMIA:

Acción de rumiar. Es característica de animales como la vaca masticar nuevamente los alimentos que ya estuvieron en el estómago. Se utiliza el término "rumia mental" para describir la actitud de machacar siempre sobre la misma idea, lo cual es muy típico de los obsesivos. Si una vaca se dedica a rumiar no sólo alimentos sino también ideas, podemos decir que además de vaca es obsesiva.

SADOMASOQUISMO:

ÉL: ¡Aaaayyy!

ELLA: ¡Eh! ¿Qué te pasa?

ÉL: ¡Bruta! ¿Y todavía me lo preguntás?

ELLA: No entiendo.

ÉL: ¡Cómo que no entendés! ¡Me mordiste!

ELLA: Ufa, che. Tanto lío por un mordisquito.

ÉL: ¿Mordisquito? ¡Casi me arrancás la oreja!

ELLA: ¡Qué exagerado! Al fin y al cabo, vos me pediste que me sintiera libre.

ÉL: Sí, bueno. ¡Pero sin agresiones, caramba!

ELLA: No fue una agresión, fue un mimito.

ÉL: ¿Y eso es un mimito para vos?

ELLA: ¡Bueno, che! ¡Si no te gusta me voy!

ÉL: Pará... pará... No te pongas así.

ELLA: ¡Al final nunca te gusta lo que yo te hago!

ÉL: No es eso.

ELLA: ¡Siempre quejándote! ¡Siempre quejándote! ¡Nada te viene bien!

ÉL: Bueno, calmate...

ELLA: Lo que pasa es que en el fondo no me querés.

ÉL: ¿Cómo se te ocurre? ¡Estoy loco por vos!

ELLA: ¡Mentira! ¡Ustedes los hombres son todos unos mentirosos!

ÉL: ¡Te juro que te quiero!

ELLA: No te creo. Si me quisieras aceptarías mis mimitos.

ÉL: Bueno... yo... en fin... Dale.

ELLA: ¿Dale... qué?

ÉL: Dale, mordeme.

ELLA: Ay, mi amor. ¿Entonces de veras me querés?

ÉL: Sí, te quiero. Mordé nomás, aquí hay un hombre.

ELLA: ¿En serio, mi amor?
ÉL: Mordé, mordé.
ELLA: Bueno, te juro que voy a ser suave.
ÉL: Estoy listo.
ELLA: Ahí va.
ÉL: ¡Aaaayyy!

SALUD

SEGURIDAD

SENTIMIENTO DE CULPA:

DIOS: ¡Tsch!

ADÁN: ¿...?

DIOS: ¡Eh, tú! El del taparrabo.

ADÁN: ¿Te refieres a mí, Señor?

DIOS: Vamos, Adán. ¿A quién otro?

ADÁN: ¿Qué deseas de mí, Dios Jehová?

DIOS: Quiero saber por qué abandonaste Mi jardín del Edén.

ADÁN: Tuve que hacerlo.

DIOS: ¿Tuviste que hacerlo? ¿De qué hablas, hijo? ¿Cómo que tuviste que hacerlo?

ADÁN: No podía vivir allí, mi Señor.

DIOS: ¿Que no podías? Pero si allí tenías de todo. Te puse comida en los árboles, clima cálido, un río de aguas frescas y cristalinas... Hasta animales mansos para que te entretengas puse. ¿Cómo pudiste dejar todo eso para venir a este páramo miserable?

ADÁN: Es que... Señor... yo no soy digno de Tu Paraíso.

DIOS: ¿Y qué se supone que significa eso? Eres Mi creación, eres Mi hijo. Mereces lo mejor que Yo pueda darte.

ADÁN: Te fallé, Padre.

DIOS: ¿Perdón?

ADÁN: Comí del fruto prohibido.

DIOS: Fruto prohibido... fruto prohibido... No recuerdo esa variedad.

ADÁN: La manzana, Señor. Tú me dijiste: "Del fruto del árbol que está en medio del huerto no comerás... porque el día que de él comieres, ciertamente morirás".

DIOS: No, no. Adán. Me entendiste mal. Simplemente dije que no comieras muchas manzanas después de la cena.

ADÁN: Porque era pecado.

DIOS: Porque te traería indigestión. Vamos, déjate de tonterías y acompáñame de vuelta al Edén.

ADÁN: Pero... Señor... ¡comí el fruto del árbol de la ciencia del bien y del mal!

DIOS: ¿El qué?

ADÁN: Digo... la manzana.

DIOS: ¡Ahhh...! Y bueno, ¿qué hay? ¿Acaso no te gustó?

ADÁN: Me encantó. Por eso no Te merezco.

DIOS: Pero, Adán... ¿por qué toda esta culpa? ¿Por qué no puedes disfrutar de las cosas lindas que te brindo sin autocastigarte después? A propósito... ¿dónde está Eva?

ADÁN: La eché de mi lado, Señor.

DIOS: ¿La echaste? ¿Que tú la echaste? ¿Sin un mes de preaviso siquiera?

ADÁN: No era digna, Señor.

DIOS: ¿Cómo que no era digna? ¿Te olvidas que Yo la creé?

ADÁN: Es que... Señor... ella escuchó la voz de la serpiente.

DIOS: ¡Por el amor del Cielo, Adán! ¿Qué te pasa? ¡Las serpientes no hablan!

ADÁN: Eva conspiró contra mí, hizo que yo comiera del fruto prohibido.

DIOS: Oye, no me vengas con eso. Si te comiste una manzana fue porque tú tenías ganas. ¿No te da vergüenza? ¡Tan grande y echándole la culpa a tu mujer!

ADÁN: Ya ves, Señor. Soy un miserable, un maldito, un descastado, un paria, un...

DIOS: ¿Pero de dónde sacaste todo ese masoquismo, hombre?

ADÁN: Soy un pecador indigno a Tus ojos, sólo me queda sufrir para pagar mis culpas. Adiós, Señor. Te enviaré una postal de los pantanos.

DIOS: Pero... Adán... ¿Adonde vas? ¿Qué será de Eva?

ADÁN: Parirá con dolor, la desgraciada.

DIOS: Pero... oye... no tienes que irte de Mi Paraíso... no es delito comer una manzana... Adán, ¡no seas tozudo! ¡Te aseguro que no hay nada de malo en pasarla bien! ¡Mírame! ¡Yo me doy todos los gustos y estoy espléndido! ¡Adán! ¡Vuelve aquí, grandísimo zoquete! (SUSPIRA, CON CULPA) ¿Pero qué fue lo que hice mal?

SOMATIZACIÓN:

Cuando se me sube la sangre a la cabeza no grito ni peleo: me sale caspa roja.

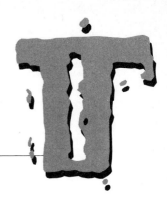

TARADEZ:

El ser humano es el único animal que tropieza dos veces con la misma piedra. El tarado no sólo tropieza dos veces con la misma piedra, sino que además se enoja y le pega una piña.

TIMIDEZ:

Mientras que el extrovertido reprime tímidamente su inseguridad, el tímido realiza una exhibición desfachatada de su timidez.

TRAUMA:

El hombre despierta. La mujer que había conocido la noche anterior ya no está en su cama.

ÉL (DESOLADO): Pucha... se fue.
ELLA: No. No me fui.
ÉL: ¿Eh? ¡Claudia! ¿Dónde estás?
ELLA: Aquí.
ÉL: ¿En el baño?
ELLA: No. Aquí, bajo la cama.
ÉL (SE INCLINA A VERLA): Pero... ¿qué hacés ahí?
ELLA: Siempre duermo bajo la cama.
ÉL: No entiendo. ¿Me estás tomando el pelo?
ELLA: Claro que no.
ÉL: ¿Y entonces?
ELLA: Es un trauma que tengo de chiquita. En casa éramos muy pobres, ¿sabés?, dormíamos to-

dos en un mismo cuarto. Mi mamá, mis hermanitos, mi... papá.

ÉL: ¿Pero eso qué tiene que ver con...?

ELLA: Ya te cuento. No es fácil para mí. Resulta que papá... el muy animal... cuando todos estaban dormidos... agarraba y... y...

ÉL: ¡No me digas nada! ¡Ya lo imagino! ¡Qué miserable!

ELLA (SOLLOZANDO): Recuerdo esas noches como las más espantosas de mi vida.

ÉL: Entiendo. Entiendo, mi querida. ¡Cómo habrás sufrido!

ELLA: No te imaginás.

ÉL: Y, decime... él... ¿lo hacía muy seguido?

ELLA: Todas las noches.

ÉL: ¡Santo Cielo! ¿Y tu mamá no lo sabía?

ELLA: Yo creo que sí. Pero no decía nada.

ÉL: Muy típico. Una de esas cobardes que aceptan cualquier vejación con tal de no perder al marido. ¡Qué asco!

ELLA: ¡Asquerosísimo!

ÉL: Y supongo que esto de dormir bajo la cama... es una especie de simbolismo para evitar que en sueños tu papá repita ese aberrante acto, ¿verdad?

ELLA: ¡Sí! ¡Eso! Mi analista dice que es una defensa contra todo ese horror. No podría pasar la noche sobre una cama sin recordar lo que hacía papá.

ÉL: ¡Pobre niña! ¡Cómo odiarás a tu padre!

ELLA: ¡Lo detesto!

ÉL: No es para menos. Sólo un animal puede violar a su propia hija.

ELLA: ¡Violarme! ¿Papá? ¿Estás loco?

ÉL: Pero... ¡cómo! ¿No te violaba? ¿Y entonces qué hacía?

ELLA: ¡Se tiraba gases!

TEMPERAMENTO

TERAPIA

URBANIZACIÓN (EL JUICIO FINAL):

Por la voz trémula de mi secretaria en el interno supe que se trataba de algo importante.

–Hágalo pasar –dije.

Eché una rápida ojeada a mi escritorio. Algunos libros de leyes. Carpetas con folios. Computadora encendida. El retrato de mi esposa y mi perro, ambos sonriendo (en realidad mi esposa sonreía y el perro estaba a punto de morderla). "Todo listo", pensé. El escritorio de un respetable abogado dispuesto a impresionar al posible cliente. Y sin darme tiempo a ponerme el saco, mi secretaria abrió la puerta de la oficina mirándome con ojos desconcertados, desusadamente bizcos. En seguida volteó hacia atrás, y su boca se agrandó sin poder pronunciar palabra. Fue entonces cuando noté la luz. Una resplandor blanquecino que irrumpía cada vez con mayor intensidad desde la recepción.

De pronto, una zarza ardiente rodó hasta el interior de mi oficina y se plantó frente a mí.

–Buenas tardes –saludó una voz profunda que partía de la misma llama, sin que la zarza pareciera consumirse–. El doctor Moisés Abraham García, ¿verdad?

Cierto que en mi profesión uno se encuentra con los tipos más insólitos y extravagantes, pero esto ya era un tanto exagerado.

–Soy yo –asentí, y le hice una seña a mi secretaria para que nos dejara solos. Ella salió persignándose mientras cantaba el Ave María–. Tome asiento –invité a la zarza.

ÚLTIMO MOMENTO

–Descálzate, hijo Mío –dijo la Voz–. Estás en tierra sagrada.

A juzgar por lo que pagaba de expensas no me cabía duda. Traté de evitar una estéril discusión con la zarza y me saqué los mocasines.

–¿No importa si me quedo en medias? –consulté–. Son coreanas, es peor que andar descalzo.

–Si te gusta sufrir, hijo.

–Y bien –dije sentándome a mi escritorio–. Dígame en qué puedo servirle, señor... señor...

–Con un Señor está bien.

–Me refiero a que no sé su nombre.

–Tengo muchos. Pero la mayoría me llama simplemente... Dios.

–¿Dios? –repetí, rascándome la pera–. Me suena.

–Soy el Escritor de los Diez Mandamientos, el Hacedor de la Tierra y el Cielo, el Creador del Universo que habitas. Tienes que haber oído hablar de Mí.

–Lo siento. No salgo mucho.

–Soy el paradigma del Bien. La fuente de la Razón y la Justicia.

–No sé nada de eso. Me la paso encerrado en los Tribunales.

Sentí que este presunto Dios suspiraba con resignada comprensión.

–No importa –dijo por fin, y me extendió una hoja de papel que sacó de no sé dónde–. Quiero que leas esto cuidadosamente.

Así lo hice. Se trataba de una lista de nombres; curiosamente todos habían sido intendentes de Buenos Aires.

–Exacto –confirmó la Voz, como si hubiese leído mis pensamientos–. Han sido intendentes de esta ciudad, y quiero demandarlos.

–¿Perdón?

–Eres abogado, ¿verdad? Pues para eso vengo. Quiero presentar una demanda formal contra éstos que fueron intendentes.

–¿Y cuál es el motivo? Si se puede saber.

–¿Cuál es el motivo? –se indignó Dios–. Creo

UNIDOS Y DOMINADOS

que "incumplimiento de deberes de funcionario público" es suficiente motivo, ¿no?

–Sí, sí. Claro –dije masajeándome la nuca, y tuve la sensación de que todo eso no era más que una pérdida de tiempo–. Pero... se debe tener alguna prueba para afirmar algo así.

–La tengo. Guardo las grabaciones donde ellos juraron desempeñarse en su cargo con lealtad y patriotismo, y que si así no lo hicieren, se los dijeron bien clarito, "que Dios y la Patria os lo demanden". Bueno... no sé qué va a hacer la Patria, pero Yo les hago juicio.

La cosa venía en serio. Pero lo menos que necesitaba yo en ese momento era un dolor de cabeza.

–Escuche... Señor Dios... Siendo Usted quien dice ser... ¿por qué mejor no espera un poco y se los lleva a todos a Su Juicio Final? Va a ser más fácil que meterse en todo el papelerío de los juzgados.

–Si Yo buscara lo fácil no hubiese creado al hombre. Te aseguro que hoy tendría muchos menos problemas de haberme quedado con los dinosaurios. No, señor. Las cosas hay que hacerlas bien. Los funcionarios que metieron la pata aquí, tienen que empezar a pagar aquí.

No había caso. Se había empecinado.

–Está bien –dije empezando a tomar nota–. Vamos a ver... incumplimiento de deberes... ¿Y en qué basa esta acusación?

–¿No has visto el estado de la ciudad? Casi no hay espacios verdes, están arruinando la calidad de vida cada vez con más polución. No están cuidando esta parte del planeta que construí para ustedes.

–Digamos... –pensé con la birome en la boca– que Le están deteriorando las instalaciones.

–¡Eso! No hay control. No hay real interés en acabar con los verdaderos problemas. ¿Qué pasa con la capa de ozono? ¿Por qué no prohíben de una vez el spray y los gases que usan las heladeras?

–Podríamos entablar demanda por Daños y Perjuicios –empecé a entusiasmarme–. Y ésto sería sólo el comienzo. Si ganamos podríamos seguir con los secretarios del medio ambiente. Y hasta con el presidente de la República...

–Yo sólo quiero que empiecen a tomar conciencia de que este planeta es el único hogar que tienen, y que si le causan daños irreversibles no lo van a arreglar llamando al plomero. Quiero que dejen de ensuciar el Riachuelo y de contaminar las napas de agua. Quiero que sean adultos. Que amen a la naturaleza, que se amen a sí mismos y amen a su hermano. El amor universal es Mi único gran objetivo.

–Muy lindo, muy lindo. Pero en cuanto a la plata que vamos a pedir...

–Eso lo dejo en tus manos, hijo. Y luego dispón de las ganancias para quien más necesite.

–Nomás con los jubilados no vamos a dar abasto.

La zarza empezó a arder con un tono azulado. Intuí que Dios estaba a punto de irse.

–Tengo que dejarte –anunció Él–. Me esperan para inaugurar un planeta. Cualquier noticia acerca del juicio házmela saber.

–Cómo no. ¿Me deja Su número?

Dios suspiró brevemente.

–Bastará con una plegaria.

Y entonces la zarza desapareció. Quedé pasmado, aturdido, shockeado. No por el hecho de tener a Dios como cliente, sino por haberme olvidado dc pedirle un adelanto de honorarios para iniciar la causa. Aunque toda mi tribulación resultó injustificada. Al otro día me cayó un cheque del Cielo por la espléndida suma de cien mil dólares. Y debo admitir que eso me alegró el día. Qué digo alegrarme. Cantaba por la calle mientras corría hacia el banco para retirar los billetes. Por desgracia, la cosa no terminó muy bien. Pura mala suerte. El gerente del banco resultó ser ateo.

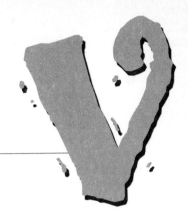

VEGETAR:

LEGISLADOR: Acabo de presentar un flor de proyecto en la Legislatura.
AMIGO: ¿Qué proyecto?
LEGISLADOR: Uno para paliar el drama de la desocupación.
AMIGO: ¿En serio?
LEGISLADOR: Y claro. Propuse que la Municipalidad utilice la tierra bajo su jurisdicción para promover huertas vecinales. Más todavía, que solicite un préstamo de tierras a otras entidades para ese mismo fin. Imaginate, en vez de tener a los desocupados dando vueltas y con principio de úlcera, los ayudamos a producir su propia comida plantando papa y batata a orillas de la General Paz. O plantando cebolla y morrón colorado en las villas de emergencia. Radicheta y calabaza en los cuarteles del ejército. Zanahoria y rabanito alrededor de las canchas de fútbol. Ajo, choclo y zapallo en los bosques de Palermo.
AMIGO: ¡Me parece una idea fantástica! ¿Y qué te dijeron los demás legisladores?
LEGISLADOR: Que estoy del tomate.

VERDAD:

(Transcripción fragmento del discurso leído en el Congreso por el senador Néstor Bertotto)

"Y es por eso que presento este proyecto por el cual los senadores no sólo tendremos que hacer una declaración jurada de bienes, sino además autorizar por escrito que se utilice con nosotros la famosa máquina de la verdad, en cualquier circunstancia que así se requiera. De este modo, ahuyentaremos ese sentimiento de desconfianza que la población ha ido acumulando contra esta honorable cámara. Ya nadie podrá dudar de nuestra honestidad ni acusarnos de propiciar negociados, porque la máquina probará que... ¡Eh! ¿Quién me tiró con ese vaso? ¿Quién...? Oigan... ¿Qué pasa? ¿Por qué me miran así? Pero... señores senadores... Señores... ¡Soltame, desgraciado...! Muchachos... Por favor, muchachos...".

(Familiares y amigos del senador Néstor Bertotto pueden visitarlo en la Clínica Santa María de los Santos Inocentes, habitación 324).

VICIO

VIOLACIÓN:

ELLA: ¡Socorro! ¡Me violan! ¡Socorro!

ÉL: Oiga. ¿Qué le pasa?

ELLA: ¡Cómo qué me pasa! Usted me agarró en la calle, me arrastró hasta este callejón, me rompió el vestido... ¡Y me pregunta qué me pasa!

ÉL: Sí, ¿y? ¿Por qué tanto escombro?

ELLA: ¿Usted piensa violarme?

ÉL: Sí.

ELLA: ¡Socorro! ¡Violación! ¡Socorro!

ÉL: Pare, pare. ¿No le parece que está exagerando un poco? Después de todo, somos adultos, ¿no?

ELLA: ¡Suélteme! ¡Perverso! ¡Delincuente!

ÉL: Un momentito, señora. Que yo a usted no la he insultado, eh.

ELLA: ¡Suelte mi bombacha! ¡Degenerado!

ÉL: ¿Por qué se empeña en ofenderme? ¿Qué le hice yo?

ELLA: ¡Me quiere violar! ¿Le parece poco?

ÉL: Pero el que yo la quiera violar no le da derecho a llamarme "perverso", "delincuente" o... ¿cómo era?

ELLA: ¡Degenerado!

ÉL: Eso, "degenerado". Para que sepa, yo soy padre de familia. Y tengo unos hijos hermosísimos. Espere, a ver, creo que tengo una foto. Aquí está. Mire, mire qué monada de chicos.

ELLA: Sí... son muy lindos.

ÉL: El nene se llama Fernando y la nena, Paula.

ELLA: ¿Y ese otro?

ÉL: Es mi perrita... Fifí.

ELLA: Son muy lindos... todos.

ÉL: El nene es igualito a mí.

ELLA: ¿Viola nenas?

ÉL: No, digo por la cara. Es mi vivo retrato. ¿No se dio cuenta?

ELLA: Es que está tan oscuro aquí.

ÉL: La verdad que se me cae la baba, ¿no? Bueno... ¿en qué estábamos?

ELLA: ¡Socorro! ¡Violación!

ÉL: Ah, sí. Pero... mire, se me ha hecho tarde. Prometí a mis chicos llevarlos a una hamburguesería. ¿No se ofende si me retiro?

ELLA: No, no. Vaya nomás.

ÉL: ¿Usted pasa por aquí mañana?

ELLA: ¿Por qué? ¿Va a tratar de violarme?

ÉL: No. Tengo más fotos.

VOCACIÓN

ZAPATO:

Sirve para proteger la antípoda del lugar donde nace la psicología.

ZOOFILIA:

DOCTOR: ¡Padre! ¡Padre!
PADRE: Te escucho, hijo.
D: Ésta es la primera vez que entro a una iglesia. Es la primera vez que me confieso, padre.
P: Nunca es tarde para empezar, hijo. Vamos, te escucho.
D: Mi pecado, padre, mi pecado es que... me enamoré... me enamoré locamente de una de mis pacientes.
P: ¿Es ella casada, hijo?
D: No, padre.
P: ¿Eres tú casado?
D: No, padre.
P: Hmmm... ¿Eres psicoanalista?
D: ¡Claro que no, padre!
P: Entonces, hijo, ¿cuál es el problema?
D: Estoy faltando a mi juramento de servir al paciente en toda mi capacidad profesional. No puedo, padre, no puedo seguir con esto. Cada vez que ella se recuesta en mi camilla... ¡le doy una inyección tan sólo para verle la cola!
P: Bueno...
D: La hago traer a propósito, sin necesidad, sólo para darle masajes en todo el cuerpo... en todo... el cuerpo...
P: Entiendo, hijo. Pero...
D: Y cada vez que sus ojitos sensuales me miran...

yo siento que se me recalienta el estetoscopio y...
P: ¡Ya! ¡Está bien, hijo! ¡Dije que entiendo!
D: Disculpe, padre.
P: ¿Tú... tú sientes que estás realmente enamora-
do, hijo?
D: Sí, padre.
P: ¿Y ella?
D: Ella también, padre.
P: ¡Entonces santo remedio! ¡Se casan y listo!
D: Pero... padre. Es mi paciente.
P: ¿Y qué, hijo? No sería la primera vez que un
médico se casa con una paciente.
D: Es que yo no soy médico, padre. Soy veterinario.

ZARPADA

APÉNDICE

TERAPIAS DE HOY:

PACIENTE: Ay, doctor, estoy angustiado.
ANALISTA: Yo también.
P: Me siento vacío, solo, frustrado.
A: Me lo sacó de la boca, mire.
P: Se trata de mi novia, la chica que conocí hace tres meses.
A: ¿La del trasero armonioso?
P: Ésa misma.
A: Lo envidio.
P: No me envidie. Me vuelve loco con sus vueltas y vueltas y vueltas.
A: Pare, me está mareando.
P: Es que ya no sé qué hacer. Si ella dijese que no me quiere... bueno... me la banco. ¡Pero está que un día sí que un día no, que un día no que un día sí...!
A: Igual que mi esposa.
P: Y para colmo es tan linda, tan suave, tan dulce...
A: A diferencia de mi esposa.
P: Escuche, doctor, ¡siento que voy a hacer algo desesperado!
A: Tranquilo, yo estoy aquí.
P: ¿Qué puedo hacer?
A: Mire, lo importante en primera instancia es conocer la patología de su chica... sintomatología... cuadro clínico... ejem... si es histérica, obsesiva, maníaca, catatónica o lo que sea.
P: Creo que es un poco de todo.
A: Me lo temía, caso difícil. Pero no se preocupe. Si yo sobreviví a la bruja de mi mujer, hay esperanzas para usted.
P: Pasa que no es sólo ella, doctor. Soy yo también. No sé qué me pasa. Cuando ella está indiferente me vuelvo loco por conquistarla, y cuando siento que me ama empiezo a perder interés. ¡Ya estoy cansado de este juego, doctor! ¿Cómo hago para salir de esta maldita trampa?
A: No sé. Yo todavía no salí.

P: Pero... si usted no puede ayudarse a sí mismo, ¿cómo es que va a ayudarme a mí?

A: Milagros de la psicología, mi amigo. Vea, acá es cuestión de encontrar el remedio justo para su caso.

P: ¿Y cuál es ese remedio, doctor?

A: Estrategia, pura estrategia. Escuche, el primer paso para solucionar un problema de pareja es: tener una pareja.

P: ¡Pero ya tengo pareja!

A: Entonces vayamos al segundo paso. Dígame, ¿usted se banca los defectos de ella?

P: No.

A: ¿Qué siente cuando ella muestra sus defectos?

P: Deseos de estrangularla.

A: ¿Y se lo dice? ¿Le expresa su enojo?

P: No. Trato de estrangularla.

A: ¡Santo diván! Menos mal que no concretó esa fantasía.

P: Es que ella corre muy rápido.

A: Escuche, mi amigo, no sé cuál sea el problema de su chica, pero el suyo salta a la vista. Usted se armó una imagen ideal de la gente y de sí mismo, una imagen infantil, ¿vio? Se la pasa buscando la perfección y cuando siente que no la encuentra se pone furioso. Si no baja toda esa exigencia nunca va a conseguir novia.

P: Ya conseguí.

A: Bueno... quiero decir que así no hay mina que aguante, che. Mire, la gente tiene virtudes y defectos. Hay que aceptarla tal como es, aceptar sus límites, sus cambios, sus tiempos... Idealizar es una forma de negar, ¿sabía? Seguramente usted me idealiza también a mí y...

P: No.

A: ¿No qué?

P: No lo idealizo.

A: ¿No me idealiza?

P: No. A usted lo veo muy humano, con defectos humanos. Y lo bueno es que eso no me da bronca.

A: ¡Pero se supone que usted debe idealizarme!

P: Ya le dije, no. Me banco sin problema que usted no sea el psicólogo perfecto.

A: ¿Cómo que no soy el psicólogo perfecto?

P: Bueno... me refiero a que... verlo perfecto a usted sería perseguir una imagen ideal de mi padre, ¿no?

A: ¡Qué quiere decir con que no soy perfecto!

P: Oiga... ¿qué hace? Yo... Aggghhh... ¡Suélteme! ¡Me está ahorcando!

A: ¡Ya lo noté!

P: Pero... ¡Socorro! ¿Es una nueva técnica suya, doctor? Aggghhh...

A: ¡Ma' qué técnica! ¡Te quiero destripar, salame!

P: ¡Nooo! ¡Fuera! ¡Suélteme! ¡Policía!

A: ¡No corrás, gallina! ¡Peleá como un neurótico!

P: ¡Tiempo! ¡Tiempo, doctor! ¡Ya van 50 minutos! ¡Terminó la sesión!

A: A ver, tiene razón. Bueno. Vaya tranquilo, nomás. En la próxima sesión terminamos de arreglar su problema de pareja.

PERFIL LIBROS